O ÁBACO

DM-Dezena de Milhar — Cada peça equivale a 10.000 unidades

UM-Unidade de Milhar — Cada peça equivale a 1.000 unidades

C-Centena — Cada peça equivale a 100 unidades

D-Dezena — Cada peça equivale a 10 unidades

U-Unidade — Cada peça equivale a 1 unidade

CONHECENDO O ÁBACO

No ábaco, os pinos indicam a posição do Sistema de Numeração Decimal – a base 10.

Da direita para a esquerda, temos: unidade, dezena, centena, unidade de milhar e dezena de milhar.

Veja a representação dos números no ábaco:

SOMAR UNIDADES

Primeiramente, faça as somas utilizando o seu ábaco e descubra o resultado.
Depois, faça a representação como o exemplo da criança abaixo:

3 + 2 = 5

5 + 2 = 7

6 + 2 = ___

4 + 4 = ___

2 + 1 = ___

QUANTAS DEZENAS E UNIDADES

Escreva o número representado em cada ábaco.

VAMOS PRATICAR

– Pegue o seu ábaco e represente os seguintes números (um número de cada vez):

Agora responda:

– Qual número representa **4 dezenas** e **2 unidades**?

– Qual o **maior** número representado?

– Qual o **menor** número representado?

– Qual número representa **3 dezenas** e **7 unidades**?

VAMOS SUBTRAIR

Observe o exemplo:

$8 - 3 = 5$

– Colocamos 8 unidades e subtraímos 3 unidades.
– Restaram 5 unidades.

Agora faça as subtrações no seu ábaco e depois registre abaixo o resultado. Veja:

$5 - 2 = 3$

$9 - 6 = \_\_\_$

CENTENA NO ÁBACO

Veja como representar a centena.

99 + 1

Ao adicionarmos **1 unidade**, formamos **10 unidades**. Precisamos trocá-las por **1 dezena**.

Ao adicionarmos **1 dezena**, completamos **10 dezenas**. Precisamos trocá-las por **1 centena**.

Trocamos as **10 dezenas** por **1 centena**.

C	D	U
1	0	0

Escreva o número indicado nos ábacos:

C	D	U
1	3	2

C	D	U

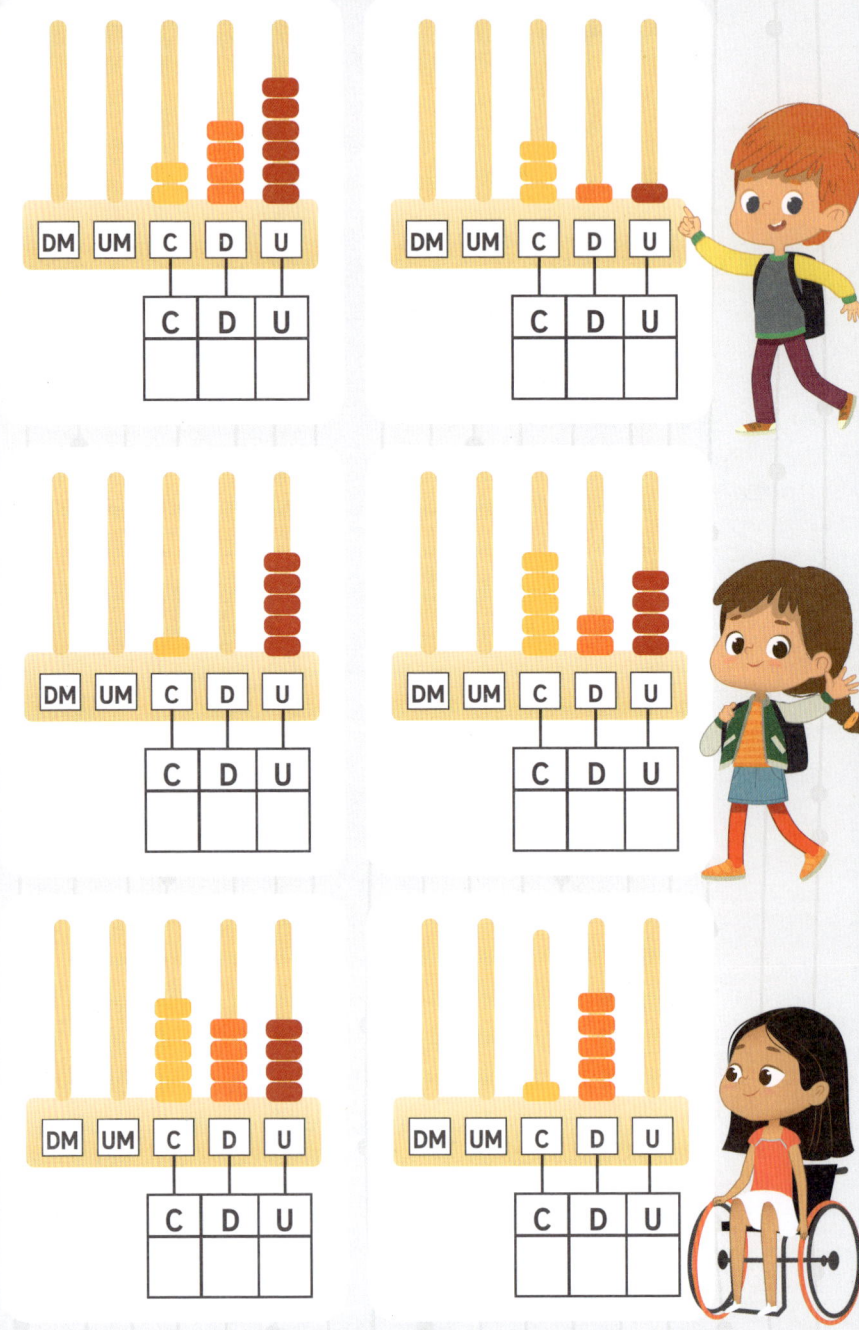